Herbert Witzenmann

Toleranz und Vertrauen

D1664669

HERBERT WITZENMANN

Toleranz und Vertrauen

Erkenntnisbedingungen zeitgerechter Gemeinschaftsbildung

GIDEON SPICKER VERLAG

Zur Feststellung des Textes:
›Vom Verzeihen‹, Erstveröffentlichung in den ›Mitteilungen‹ des Arbeitskreises zur geistgemäßen Durchdringung der Weltlage Nr. 5, Dornach 1968
›Toleranz und Vertrauen‹, ›Mitteilungen‹ Nr. 6/7, 1969
›Der Schlüssel‹, ›Mitteilungen‹ Nr. 18, 1971
Die Texte sind in dieser Ausgabe unverändert wiedergegeben.

1. Auflage Dornach 1984
Gideon Spicker Verlag, Rüttiweg 62, CH-4143 Dornach
Alle Rechte vorbehalten
© Herbert Witzenmann
Einbandgestaltung: Peter Schmidt
Satz, Druck und buchbinderische Verarbeitung: Kösel, Kempten
Druck des Umschlags: Druckerei Dettling, Pforzheim
ISBN 3-85704-196-X
Printed in Germany

Inhalt

Vorbemerkung

Die *Forschungsberichte* wollen Beiträge zu einer zeitgemäßen Erschließung und Weiterentwicklung der Geisteswissenschaft Rudolf *Steiners* sein. Sie orientieren über Ergebnisse, die unter Anwendung der von Rudolf *Steiner* entwickelten seelischen Beobachtung nach naturwissenschaftlicher Methode gewonnen wurden. Herbert Witzenmann, der als Berichterstatter in dieser Reihe auftritt, hat die Ausgangspunkte seiner Forschertätigkeit in dem Aufsatz »Ein Weg zur Wirklichkeit« (erschienen in seinem Werk »Intuition und Beobachtung« Bd. II, Stuttgart 1978), der seinen Wahrheitsbegriff darstellt, und in seinem Buch »Strukturphänomenologie« (Gideon Spicker Verlag, Dornach 1983), welches die wissenschaftstheoretischen Konsequenzen der Goetheschen Metamorphosenidee und damit ein neues grundwissenschaftliches Konzept umreißt, charakterisiert. Namentlich über Ergebnisse, welche dem weit ausgedehnten Bereich der neu erschlossenen Strukturphänomenologie angehören, soll in dieser Schriftenreihe berichtet werden.

Gideon Spicker Verlag

6

Vom Verzeihen

Die erste Regung eines freien Menschen, dem ein Unrecht widerfuhr, ist Verzeihen. Doch er bemerkt sogleich, daß er dieser Triebfeder nur folgen darf, wenn sie vom Wahrheitsgefühl gespannt wird. Die Verderber des Wahrheitsgefühls aber sind Sympathien und Antipathien.

Geläutert und gestärkt wird das Wahrheitsgefühl dagegen von der Urteilskraft. Daher tritt der Verzeihende vor das Licht des gesunden Urteils, daß es ihm die rechte Richtung weise. Die Verderber der Urteilskraft aber sind die Vorurteile.

Genährt und ermutigt wird die Urteilskraft dagegen vom Schicksalsbewußtsein. Daher folgt sie in ihrem Erkenntnisstreben dem Lauf der Fäden, die sich unter den mahnenden und helfenden Blicken geistiger Wesenheiten zum Knoten schürzen.

Die Verderber des Schicksalsbewußtseins sind aber die Begierden, die sich in dem Medusenhaupt der Geltungsbegierde verschlingen. Die Erlöserin der Begierden aber ist die Liebe, die das bezwungene Medusenhaupt in den Schildschmuck jener Göttergestalt verwandelt, die wir als jungfräulich-mütterliche Weisheit kennen.

Wenn der alte Grieche für unser rauhes ›verzeihen‹ das nach Honig duftende Wort ›syggignoskein‹ gebrauchte, das eigentlich ›miterkennen‹ bedeutet, dann lebte in ihm, sofern er seinem Sprachgenius lauschte, empfindungs- und gemüthaft das gleiche Erlebnis, das wir heute als freie Menschen in voller Bewußtheit entwickeln wollen. Er wollte in erkenntnisgeläutertem Wahrheitsgefühl den Begeher eines Unrechts aus dem Bann eines zwingenden Schicksals durch die lösende Kraft gemeinsamer Einsicht befreien.

Wer ein Unrecht erlitt, will jenem, der es ihm zufügte, helfen; er will miterkennen und miterkennend tätig werden. Denn nicht immer ist das Erfahren eines Unrechts eine Hemmung. Vielmehr wird es dort, wo es gleich einer Krankheit als musikalisches Problem produktiv gelöst wird, zur größten Förderung. Den wirklichen Schaden hat sich der Täter des Unrechts selbst angetan. Er erscheint für das innerlich sehende Empfinden des anderen, dem seine Tat oder Untat galt, nicht als ein Angreifender, sondern als ein Fliehender, der, indem er sich, so schnell er vermag, zu entfernen trachtet, strauchelt und sich im Stürzen gefährlich verletzt. Wer vermöchte ihm die Hilfe zu versagen, wenn er es nur möglich macht, sie zu empfangen?

Aber, so fragen wir uns jetzt einhaltend, lehrt uns die heutige Weltlage nicht etwas anderes? Werden von ihrem Hammer nicht Gedanken und Empfindungen, wie die hier geäußerten, zermalmt? Sind sie nicht private Schönfühlereien, die dann bedeutungslos werden, wenn man bedenkt, daß jedes Unrecht, das einen Redlichen trifft, auch den Menschenkreis schädigt, für den er Verantwortung trägt? Und kann er dieser Verantwortung, mag er auch noch so treffliche Gesinnungen hegen, anders als durch Widerstand genügen? Aber hat uns die jüngste politische Vergangenheit nicht über die Fruchtlosigkeit des Widerstandes gegen die Macht belehrt? Haben wir nicht bitter erfahren, daß jene, die heute die Macht in der Hand halten, jede Regung der Freiheit zertreten können? Scheint nicht überhaupt die heutige Welt in Mächtige und Ohnmächtige geteilt zu sein, und scheinen die Ohnmächtigen nicht nur solange noch Atem schöpfen zu dürfen, als die Mächtigen durch das Gleichgewicht der Angst in Bann gehalten werden, – wobei es nicht von Bedeutung ist, ob die drohende Überwältigung eine physisch gewaltsame oder eine seelisch berückende Verstrickung in bestimmte Formen des sozialen Lebens sein würde?

Wir leben im Zeitalter der Freiheit – und doch scheint niemals die Macht jeder Art ihre Wirkung unausweichlicher ausgebreitet zu haben, die Achtung der menschlichen Freiheit eine geringere gewesen zu sein. Jeder Mensch begegnet heute in seinem Leben irgendeiner Form dieses weltweiten Machtimpulses und erfährt nicht nur, wie anfällig die Menschen der Gegenwart für die Verführung sind, Macht auszuüben, sondern auch, wie bereit sie sind, sich ihrer Suggestion zu unterwerfen. Vorurteile, Sympathien und Antipathien sowie Geltungsbegierden rauben den heutigen Menschen die Scharfsicht, welche die vielen Masken durchdringen würde, unter denen der Macht- und Unterwerfungstrieb innerhalb der physischen und seelischen Welt auftreten.

Scheint es nicht, als ob der Triumph der Macht unaufhaltsam sein werde, und dies um so offenbarer in den Seelen, je besser er sich nach außen zu verhüllen versteht? Die Forderung der heutigen Weltlage, die Macht zu überwinden und zu verwandeln, tönt an jedes Ohr. Aber besinnen sich jene, die sie nicht nur vernehmen, sondern ihr auch in tätiger Verantwortung genügen wollen, nicht viel zu spät?

Würden wir in dieser Richtung weiterdenken, verließe uns alle Zuversicht, daß die Macht überwunden und die Erde aus einer Totenstätte in einen Blütengarten verwandelt werden könne. Der Augenblick, in welchem wir unsere Zuversicht verlieren könnten, schenkt uns aber auch die

Einsicht, daß wir die Menschen unter dem Bilde der Macht nur als Wesen betrachten, deren Bewußtsein allein Physisches umfaßt, wenn sie sich auch darüber täuschen mögen. Als Träger der Macht sind sie Einzelne, die einander etwas aufzwingen oder abnötigen wollen, als Gegenstände der Macht, Massen, welche von Kräften geballt werden, die dem wahren Menschenwesen äußerlich sind.

Erleben wir uns aber als Erkennende und Tätige in dem echten Ursprung des Tuns und Erkennens, dann sehen wir ein, daß wir in Wahrheit weder Einzel- noch Massenwesen sind.

Als Erkennende sind wir über die ganze Welt ausgespannt. Denn es gibt kein Ding und Wesen, in welches nicht unser Denken mit zahllosen Fäden hineingewoben wäre. Und dieses innere Geistgewebe der Dinge ist nichts anderes als die Fortsetzung der Beziehungen, durch welche die Dinge im Netz der Wirklichkeit befestigt sind. In diesem Geistgewebe der Wirklichkeit ist unser Ich ständig, meist freilich ohne volles Bewußtsein, als innere Webekraft wirksam. Wir haben als Erkennende eine Totalexistenz im Universum, die wir mit allen anderen Menschen teilen. Wir atmen das Licht der Welt aus und ein, das geistige Wesen mit ihrer schenkenden Tugend erfüllen; das Blut des Weltenherzens, zu dessen Opferkraft geistige Wesen ihre Gaben wie zu einem Altar tragen, quillt durch uns hindurch. Denn wir können unser Ich nicht anders erfassen als in diesem Atem und Herzschlag der Wahrheit, die über die ganze Welt ausgebreitet ist. Wir leben als Erkennende im Lichte der Welt. Wir haben ein peripheres Ichbewußtsein.

Aber wir erlägen einer furchtbaren Täuschung, wenn wir uns verhehlen könnten, daß dieses periphere Bewußtsein auf einen Mittelpunkt bezogen ist. Von diesem Mittelpunkt geht fortwährend Dunkelheit aus, die das Lichtgewebe verdüstert, unser peripheres Bewußtsein abdämpft oder gar auszulöschen droht, die alle Dinge mit einer Haut von Undurchdringlichkeit überzieht und mit der Farbe der Täuschung durchtränkt. Diese Dunkelquelle inmitten der Lichtperipherie sind wir selbst, insofern wir uns in den Fesseln unseres physischen Leibes erleben.

Blicken wir jetzt, ehe wir diesem Rätsel weiter nachgehen, als welches sich der Erkennende selbst erlebt, auf die andere Seite unseres Wesens. Wir sind nicht nur Erkennende, sondern auch Täter.

Wie unser Erkennen über die Welt ausgebreitet ist (zu der auch unser seelisch-geistiges Wesen gehört, sofern wir es erkennen), so steigt unser Tun aus unserem Inneren auf. Während wir aber als Erkennende uns im

Lichte der Welt und zugleich als deren dunkle Mitte erleben, liegt unser Inneres um den Ursprung unseres Tuns zunächst in undurchdringlicher und weitverbreiteter Dunkelheit. In der Mitte dieses Dunkels schimmert jedoch immer wieder der Lichtpunkt unserer Entschlüsse auf. Diese erhellen blitzhaft die Dunkelheit, innerhalb deren sie auftauchen. Sie verglimmen aber so rasch, daß wir von den Erscheinungen, die ihr erleuchtender Schein traf, zunächst nichts im Bewußtsein festhalten können. Aber wir können uns klarmachen, daß der Lichtpunkt unseres Entschließens jener peripheren Lichtweite entstammt, die wir als Ich erleben, während in der uns umgebenden Dunkelheit die Fülle der Welt verborgen ist, die mit all ihren Wirkungen in unser Inneres eingezogen ist. Denn nicht anders können wir unser Inneres erleben denn als die Versammlung der in uns gegenwärtigen Kraftgestalten der Welt.

Während wir uns als Erkennende in lichtem Umkreis und dunkler Mitte erleben, erfahren wir uns als Täter in lichtblinkender Mitte und dunklem Umkreis. Während aber für unser Erkennen jene undurchlichtete Mitte die Vorurteile sind, aus denen unsere Täuschungen und Irrtümer entspringen, jene Bewußtseinsverdunkelungen, vor denen wir uns in keinem Augenblick unseres Lebens sicher fühlen dürfen, ist die umgebende Dunkelheit, die das aufblitzende Licht unserer Entschlüsse zu ersticken droht, das Gewölk der Begierden, welche die Wahrheit unseres Innern verbergen. Denn dort, wo die Wolken zerteilt werden, erscheinen in herrlichen und gräßlichen Farben die Gestalten der Götter und ihrer Widersacher. Diese umdunkelte Götterversammlung in unserem Innern haben wir aber ebenso mit allen Menschen gemeinsam wie die Lichtexistenz unseres Ich im Universum. Als Erkennende und Täter werden wir uns also zweifach zum Rätsel: als Lichtperipherie um die Dunkelmitte und als Lichtmitte in der Dunkelperipherie.

Die Lösung des Rätsels aber wäre, wie wir nun empfinden, die Erkenntnisgemeinschaft der peripheren Ichwesenheiten und das gemeinsame Knien der Täter vor der Götterversammlung in ihrem Inneren. Die Lösung unserer Wesensrätsel ist die Menschengemeinschaft.

Die dunkle Mitte innerhalb der Lichtperipherie wird ebenso aus der Dunkelperipherie unserer Innenwelt gespeist wie die lichte Mitte innerhalb der Dunkelperipherie aus dem Lichtbereich unserer Außenwelt. Jene dunkle Mitte innerhalb unserer Erkenntniswelt ist die Quelle der Machtimpulse, denn sie ist der Ursprung der unfreien Trennung. Nur das von uns Getrennte können wir zum Gegenstand der Bemächtigung machen.

10

Was mit unserem Wesen eines Wesens ist, kann nicht Ziel des Machtstrebens sein. Erkenntnis schließt Macht aus. Wer Macht ausübt, erkennt nicht, mag er sich dabei auch einer noch so raffinierten Intelligenz bedienen. Die dunkle Umgebung unserer Willenswelt ist die Quelle der Unterwerfungsimpulse, denn sie ist der Ursprung der unfreien Vereinigung. Unseren Begierden sind wir selbst unterworfen, und sie wollen uns ihren Gegenständen unterwerfen. Wer aus echtem Entschluß handelt, wer ein in Wahrheit Wollender ist, sich nicht in Leidenschaft, sondern in Tatenschaft darlebt, schöpft, indem er sich entschließt, aus der Freiheitskraft des Erkennens. Wahres Wollen schließt Begehren aus. Wer begehrt, hat keinen Willen, mag er das Ziel seines Begehrens durch noch so ungestüme Überwältigungsimpulse erreichen. Macht und Unterwerfung tauschen ihre Erscheinungsformen und ihre Antriebe untereinander aus.

Wir müssen jetzt unsere Aufmerksamkeit dem dritten Bereich unseres Wesens zuwenden. Wir sind nicht nur erkennende und handelnde, sondern auch fühlende Wesen.

Das Ineinanderspiel von Licht und Dunkel, der Dunkelmitte im Lichtkreis und der Lichtmitte im Dunkelkreis und der Vorgänge, durch welche beide Bereiche ihre Kräfte austauschen, bildet die Lebensgrundlage, auf die unsere Seele ihre Farben malen kann. Sie will Licht ausstrahlen und Licht empfangen. Sie lebt ihr Verhältnis zum Licht zunächst in den Sympathien und Antipathien aus, die lichtschwelgend und lichtentbehrend sind. Aber in diesem schwelgenden Verschwenden und entbehrenden Begehren verkennt die Seele, wonach sie in Wahrheit strebt. Sie verkennt sich selbst, denn sie ist in jenen subjektiven Zu- und Abwendungen noch ein Geschöpf von Macht und Unterwerfung. Achtet sie aber darauf, was unter dem verfälschenden Schein der Sympathien und Antipathien als das wahrhaft Seelische in ihr lebt und geschieht, dann wird sie inne, daß es ein Hell- und Dunkelwerden, ein Morgenrötliches und ein Abendrötliches ist. Die lebendige Röte beginnt in ihr zu glänzen. Jene dunkle Machtantipathie in der Lichtperipherie des Erkennens empfängt morgenrötliches Licht aus der Lebensquelle. Und die dunkle Unterwürfigkeit um die Lichtmitte der Entschlüsse erhellt sich abendrötlich durch die gleiche lebendige Einstrahlung.

Im Grunde will die Seele in ihren Sympathien und Antipathien etwas ganz anderes, als ihr der Macht- und der Unterwerfungstrieb, solange sie der Seele Gewalt antun, vortäuschen. Ihren Antipathien, die zunächst noch von Macht durchdrungen sind, liegt der gerechte Impuls zugrunde, Licht aus dem durchgeistigten Leben der Welt zu empfangen. Ihren Sympathien, die zunächst noch von Unterwerfung bezwungen sind, liegt der echte Impuls zugrunde, das eigene Licht an das göttliche Leben im eigenen Innern hinzugeben.

Die Morgen- und Abendröteerlebnisse der Seele verwandeln Macht und Unterwerfung, die ineinander übergehen, in den Empfang des Lichtes und die Hingabe an das Licht.

Damit aber diese Verwandlung in der Seele geschehen kann, muß die Röte, der Glanz des Lebens, wie sie Rudolf Steiner nennt, in das Ineinanderweben von Hell und Dunkel einstrahlen. In seinen Vorträgen über das Wesen der Farben hat Rudolf Steiner dargestellt, wie das Pfirsichblüt als das lebendige Bild der Seele entsteht, wenn Schwarz und Weiß sich beweglich durchdringen und zugleich von Rot durchstrahlt werden. Rot ist der Glanz, in welchem die Seele lebt, wenn sie die beiden sich durchdringenden Rätsel des menschlichen Wesens durch Läuterung löst.

Der Weg zu diesem geläuterten Rot zeigt die Meditation des Rosenkreuzes, wie wir sie durch Rudolf Steiner kennen. Durchdringen wir mit dem Läuterungsrot der Rosen, die den Schnittpunkt des schwarzen Kreuzes strahlend umgeben, das ineinanderwebende Weiß und Schwarz unseres Wesens, dann strahlt in uns die Farbe der Menschlichkeit auf, das Inkarnat.

Die Seelenübung, mit dem Läuterungsrot des Rosenkreuzes unsere von Macht und Unterwerfung verzerrten Sympathien und Antipathien zu durchstrahlen und dadurch das Pfirsichblüt aufblühen zu lassen, gibt uns wieder Zuversicht. Denn diese Übung vollbringen wir nicht als Einzelne oder Glieder einer Masse. Wir können sie nur durchführen, wenn wir aus unserer Totalexistenz im Universum, in der wir mit allen Menschen Gemeinschaft erleben, Licht empfangen und wenn wir unser eigenes Licht an die Götterversammlung in unserem Inneren hingeben, die uns ebenso mit allen anderen Menschen gemeinsam durchheiligt. Das göttliche Licht der Außen- wie der Innenwelt vereinigen sich in der Strahlkraft der Läuterungsrosen. Indem wir derart meditativ das Pfirsichblüt in uns entstehen lassen, lösen wir die Rätsel unseres Wesens aus den tiefsten Gemeinschaftserlebnissen. Wir tun dies nicht für uns allein, wir können es gar nicht für uns allein tun, denn wir schöpfen aus den tiefsten Gründen menschlicher Vereinigung und geben diesen so viel an verwandelnder Kraft zurück, als wir in uns die Pfirsichblütfarbe der Menschlichkeit entstehen lassen.

Wir können die Zuversicht hegen, Macht und Unterwerfung, die heute die Menschheit übermächtig zu beherrschen scheinen, durch einen, wenn auch noch so kleinen Beitrag der Verwandlung zu durchlichten, indem wir in unserem Leben die Farbe der Menschlichkeit entstehen lassen. Wenn wir mit dieser Farbe im tätigen Leben ein Unrecht, das uns widerfuhr, oder ein solches, das wir selbst begingen, beleuchten, dann erkennen oder erfühlen wir, wie sich in diesen Abirrungen ein echt Menschliches verbirgt, das sich nur selbst verkennt. Jeder Handlung der Macht liegt die nur irregeleitete Hoffnung zugrunde, aus der eigenen Totalexistenz im Universum Licht zu erlangen. Jedem Begehren der Unterwerfung liegt der nur verdunkelte Glaube zugrunde, das eigene Licht dem göttlichen Leben hingeben zu können. Die Liebe, die im Glanze des Lebens erstrahlt, bringt es an den Tag.

Wem ein Unrecht geschah, der möge es mit dem Pfirsichblüt der Menschlichkeit beleuchten. Er verzeiht dann miterkennend, indem er aus den tiefsten Quellen der Gemeinschaft schöpft.

Der Dichter Albert *Steffen*[1] hat alle Gestalten seiner Dichtung in das pfirsichblütene Gewand der Menschlichkeit gehüllt. Sie sind umschimmert von der Farbe der Menschlichkeit, dem Ernst und der Milde des Verzeihens. Dieses ist nicht unentschiedene Weichherzigkeit, sondern erkennendes und tätiges Schöpfen aus den Quellen der Verwandlung, die den Menschen zugleich Freiheit und Gemeinschaft spenden. Durch diesen Schimmer, der die Gestalten des Dichters in mannigfachen Abschattungen und Auflichtungen verklärt und umtrauert, haben diese, auch wenn sie nicht der großen Geschichte entstammen, weltgeschichtlichen Rang.

Toleranz und Vertrauen

Will man die Weltlage in ihrer wahren Bedeutung durchschauen, muß man den Blick auf die Bewußtseinslage und -haltung der Menschen einer weltgeschichtlichen Epoche richten. Denn an dem, was die menschlichen Seelen bewegt, ist abzulesen, wo die Weltentwicklung in ihrem Fortschritt angelangt ist. Ist doch dieser Fortschritt die Ausgestaltung des Menschenwesens mit dem Ziel, in dessen freie Selbstgestaltung zu münden.

Will man das eigene Wesen erkennen, muß man den Blick über den

---

[1] Vgl. Forschungsberichte Nr. 1: ›Die Entwicklung der Imagination – Im Gedenken der hundertsten Wiederkehr des Geburtstags Albert Steffens‹, Dornach 1984.

Umkreis der Welterscheinungen wandern lassen. Denn an der Weltgestaltung einer Epoche, also an dem, was sich Menschen einer bestimmten Zeit als ›Welt‹ in ihrem Bewußtsein vergegenwärtigen und daran, wie sie in Übereinstimmung damit ihre Umwelt gestalten, läßt sich ablesen, wo die Bewußtseinsentwicklung in ihrem Fortschritt angelangt ist. Ist doch dieser Fortschritt die Umgestaltung des Weltwesens aus menschlicher Erkenntnis mit dem Ziel, daß das Göttlich-Geistige im Durchgang durch das Menschentum zu neuer Offenbarung komme. Diese Durchkreuzung kommt in den folgenden meditativen Worten Rudolf Steiners kraftvoll und weise zum Ausdruck:

> ›Willst du das eigene Wesen erkennen,
> Sieh dich in der Welt nach allen Seiten um.
> Willst du die Welt wahrhaft durchschauen,
> Blick in die Tiefen der eigenen Seele.‹

Diese Meditation ist Ausgangspunkt und Grundlage jeder Selbst- und Welterkenntnis. Sie lenkt unsere Aufmerksamkeit auf die Tatsache, daß wir alles Wirklichen nur durch Bewegung und Durchdringung inne werden können. Wir erleben die Wirklichkeit im inneren Mitgestalten zweier gegenläufiger Ströme, die sich durchkreuzen und ihr Wesen tauschen. Die Durchkreuzung ist ein Urmotiv aller Erkenntnis.

Wollen wir uns über die heutige Weltlage aufklären, werden wir uns im Sinne Rudolf Steiners die Zerklüftung der menschlichen Seelen vergegenwärtigen, die sich in den Zerklüftungen ihrer Welt spiegelt, in Entfremdung und Gewalt, in den Taten der Hoffnungslosigkeit und Wunschbegier, in dem Verlust der Überzeugungen und dem Pakt mit den Usancen.

Was wir im Großen und Weiten mit Trauer und Mitgefühl gewahren, ergreifen wir mit dem besten Verständnis zunächst im Kleinen und Engen, in der Wärme und Kälte menschlicher Begegnung.

Wenn zwei Menschen ernstlich miteinander uneins sind, ist die erste Regung ihres unfreien Seelenlebens die Vergegenwärtigung jener Punkte, in denen sie voneinander abweichen, und das gegenseitige Ansinnen, jeder möge seine Anschauungen im Sinne des anderen ändern und von ihrer Verwirklichung ablassen. Es ist unverkennbar, wozu eine solche Gesinnung führt. Lebt in den Uneinigen das Empfinden der Überzeugung, dann kann jeder von ihnen durch solche Betonung des Gegensatzes in dem Gegenübertretenden zunächst nur Kränkung oder Empörung auslösen. Begegnen sich aber zwei auf ihren Vorteil Bedachte oder den Erfolg und nicht die Wahrheit Erstrebende, dann werden sie einander nur immer unentrinnbarer in List und Gewalt verstricken. Dieses Verhalten, das die meisten nach ihrer Natur und unter dem Einfluß oder der Tyrannei ihrer Organisation im unmittelbaren Willensstoß üben, wobei sie sich des Denkens nur als eines Werkzeuges bedienen, anstatt es zum Wagenlenker über sich zu erheben, kann im Kleinen unter den einzelnen, im Großen unter den Völkern und Staaten nur in Streit, Spaltung, Nötigung und Gewalttat enden.

Wer die Erscheinungen unserer Zeit beobachtet, die Unruhe der gewaltigen Kräfte, die sich in den Seelen emporarbeiten, und die Zeichen versteht, die sie über sich erblicken oder ahnen, wird bemerken, daß ein neues Empfinden die Menschheit überschimmert. Allenthalben fühlen die Heutigen, daß die soeben beschriebene Seelen- und Bewußtseinshaltung im Grunde nicht mehr dem Geist unserer Epoche entspricht. Sie war in ihrer Instinktivität der Kulturperiode der Verstandes- und Gemütsseele,[2] des Intellektualismus, bis zu einem gewissen Grade angemessen. Der Intellektualismus, heute vor allem in der westlichen Welt aus alten Kräften nachwirkend, hatte die Aufgabe, das Denken als individuelle Fähigkeit zunächst im Benützen seiner Gebilde kennen und anwenden zu lernen, um dadurch das Bewußtseinsfeld vorzubereiten, auf dem die Freiheit erlebt wird. Diese Vorbereitung geschah dergestalt, daß die Menschen die Fertigkeit erlangten, das Denken fortschreitend in den Dienst ihrer Bedürfnisse zu stellen. Der auf dieser Stufe des Menschheitsweges angelangte Intellektualismus erlebt sich daher einerseits nur im Willensgriff, der das Werkzeug in die Hand nimmt, anderseits nur in den Ergebnissen dieser Handhabung, in den ›facts‹. Das denkerische Werkzeug selbst aber, berufen, weit mehr als ein solches zu sein, entfällt seiner Aufmerksamkeit. Dieses Verharren in alten Kräften, zu einer Zeit, welcher diese nicht mehr angemessen sind, ist der Grund, daß die so befangene Menschheit ungestüm in die Zukunft hineingerissen wird. Die willensbetonte Instinktivität des Intellektualismus verliert in der Zeit des Versiegens der geistgeführten Instinkte ihre Innerlichkeit immer mehr an das Erleben des Außerseelischen. Dies ist der Entstehungsgrund des Materialismus. Und materiell wird nunmehr auch das Geistige erlebt, nämlich als ein solches, das man, wie man irrtümlich glaubt, durch Mitteilung empfangen und im rückstrahlenden Fühlen erle-

---

[2] Zur Periodisierung der Kulturgeschichte in der Geisteswissenschaft Rudolf *Steiners,* siehe H. *Witzenmann:* ›Ein Dreigestirn am Horizont unserer Epoche‹, Forschungsberichte Nr. 2, Dornach 1984.

ben könne, während es sich allein der tätigen Seele, dem denkenden Mitgestalten offenbart.

Dieser Materialismus, den man nicht an seinen Inhalten, die noch so spirituell sein mögen, sondern an seiner Seelenhaltung erkennt, ist der Grund aller Entzweiung. Er ist die in der Periode der Bewußtseinsseele[2] nachwirkende Bewußseinshaltung der vierten Kulturperiode und nimmt in diesem Nachwirken eine Gestalt an, die sich ihrem Ursprung immer erschreckender entfremdet. Dieses Fortwirken einer älteren, minder wachen Bewußtseinshaltung innerhalb des Entfaltungs- und Aufgabenbereichs eines jüngeren und wacheren Bewußtseins hat Rudolf Steiner in den Vorträgen[3] über das Erwachen am anderen Menschen als den tiefsten Grund der Uneinigkeit verständlich gemacht. Wir erleben heute diesen Vorgang in weltweitem Größenmaß.

Die intellektualistisch-materialistische Seelenhaltung muß die Menschen entzweien, weil sie sich nicht die Ursprünge des von ihr gelenkten Handelns und Verhaltens bewußt macht, sondern nur dessen Erfolgen ihre Aufmerksamkeit widmet, und weil in jenen instinktiv bleibenden Ursprüngen nicht mehr die überindividuell gemeinschaftbildenden Kräfte früherer Epochen, sondern nur noch die von anderen erschuldete Selbstheitsschuld der Organisation wirkt. Daher sind die heutigen Menschen stets bereit und fähig, die Unterschiede ihrer Anschauungen und Strebensrichtungen geltend zu machen und anders Gesinnten mit der Nötigung zum Aufgeben ihrer Absichten zu begegnen.

Diesen Neigungen, die in den Gemütern ständig zunehmen, tritt nun aber immer eindrucksvoller die Empfindung für die Unantastbarkeit der Persönlichkeit und ihrer Rechte entgegen. Es wird als Schmach empfunden, wenn das Recht auf eigene Überzeugung unterdrückt wird, und wo die Persönlichkeitsrechte unter das Joch einer Autorität gezwungen werden, wird dieses zerbrochen oder seine Abschüttelung mit Ungestüm gefordert.

Dieses ganz individuelle Verhältnis zur eigenen Überzeugung und der Art, sie zu vertreten, ist ein Merkmal der Epoche der Bewußtseinsseele. Im Einflußbereich der anglo-amerikanischen Menschheit glaubt man dieser durchaus modernen Seelen- und Bewußtseinshaltung durch die demokratischen Lebensformen und Institutionen gerecht zu werden. Hierdurch zeigen gerade jene Bevölkerungen, in denen am stärksten der Intellektualismus der vierten Kulturepoche nachwirkt (wie sich dies in der Willens-

---

[3] 3 Vorträge, von 27. und 28. Februar sowie 2., 3. und 4. März 1923.

instinktivität und der Vergötterung der ›facts‹ bekundet), einen ausgesprochenen Sinn für das Zukünftige. Dagegen lebt in jenen Bevölkerungen, auf denen zunächst noch der Alpdruck des dialektischen Materialismus in seinen verschiedenen Spielarten lastet, ein viel fortschrittlicheres Bewußtsein. Denn ihnen geht es nicht in erster Linie um die Gestaltung der Umwelt, sondern um die Umgestaltung des Menschen, mag dieser auch noch so oft als ein Geschöpf der Produktionsverhältnisse ausgegeben werden. In Wahrheit sind es aber gerade in diesem Bereich die mit gläubiger Inbrunst ergriffenen neuen Bewußtseinsinhalte, die eine neue Helligkeit in den Seelen verbreiten und ein neues Licht auf die Welt werfen sollen. Diese durchaus moderne Seelenhaltung, welche den Willen durchlichten und das Denken mit Willenskraft durchdringen möchte, hat aber zunächst bei der Gestaltung des sozialen Lebens keinen Sinn für die Zukunft. Sie haftet vielmehr am Vergangenen, wenn sie in der Kollektivierung aller Prozesse des sozialen Organismus der individuellen Initiative nur auf Nebenwegen Raum beläßt.

Der Sinn nun für das Zukünftige, der gerade den Trägern einer überlebten Seelen- und Bewußtseinshaltung eignet, gibt sich, wo er in bemerkenswerter Ausgestaltung auftritt, durch zwei bedeutsame Symptome zu erkennen, durch Toleranz und Vertrauen. Toleranz bekundet sich als Lebenshaltung noch über die Absicht im einzelnen Fall hinaus überall dort, wo man der freien Meinungsäußerung mit Selbstverständlichkeit die uneingeschränkteste Entfaltung einräumt, wo man alle Entscheidungen der freien Mitsprache aller öffnet, der gegenseitigen Korrektur der sich begegnenden Überzeugungen vertraut und die Verfügung über eine Maßnahme oder Einrichtung als Resultante aus dem Spiel dieser Kräfte entstehen lassen möchte. Man kann dabei freilich nicht verkennen, daß dieses demokratische Ideal, mag ihm auch oft eine regulative Bedeutung zukommen, sich im einzelnen Fall doch immer wieder in sein genaues Gegenteil verkehrt. Die Macht der Majoritäten, die Dumpfheit, Leidenschaft und List, denen sie vielfach ihre Entstehung verdanken, sind unvereinbar mit der Achtung und Wahrung der Persönlichkeitsrechte, mag auch die Manipulation großer Gruppen bei der Unfähigkeit der meisten ihrer Angehörigen, sich eine Überzeugung aus individueller Einsicht zu verschaffen, oft geradezu als eine Notwendigkeit erscheinen. Derart schlägt das Toleranzprinzip, das der einzelnen Individualität die größte Selbständigkeit zuerkennen möchte, in das Nivellement des Geredes und die Knebelung der Nichtkonformen um.

Ein ähnliches Umschlagen in das Gegenteil müssen wir bei dem anderen demokratischen Ideal bemerken, jenem des Vertrauens auf das Übergewicht des Positiven im menschlichen Wesen. Vertrauen bekundet sich als Lebenshaltung noch über die Absicht im einzelnen Fall hinaus überall dort, wo man die Gestaltung eines arbeitsteiligen Zusammenwirkens nach Möglichkeit den spontanen Assoziations- und Dissoziationsvorgängen des Teamworks überläßt, wo man dem inneren Ordnungsgehalt, den man der Sache und den guten Anlagen der um sie bemühten Menschen zuerkennt, den Vorrang gibt – wo man also erwartet, daß sich die beste Verfassung eines gemeinsamen Unternehmens ›von selbst‹ aus dem freien Spiel der Kräfte ergebe, sofern man nur ›allen‹, also möglichst vielen auf dem betreffenden Gebiet Interessierten, dazu den Zugang ermögliche. Auch in diesem Falle glaubt man dem Ideal nachzuleben, möglichst vielen individuellen Einzelnen die Entfaltung ihrer Kräfte im freien Spiel zu gewähren. Man kann aber auch hier nicht verkennen, daß das derart Angestrebte im einzelnen Fall immer wieder in sein genaues Gegenteil umschlägt. Je größer die Gruppen sind, denen man diese Art der Selbstformung zugesteht oder welche diese für sich in Anspruch nehmen, desto deutlicher setzen sich in ihnen kleinere Gruppen durch, die dann schließlich bestimmte, oft zum Idol erhobene Persönlichkeiten zu ihren Führern berufen, von denen oder deren Mittelsmännern sie schon früher inspiriert wurden. Die ›Idole‹ ihrerseits antworten oder beginnen bereits mit einer ähnlichen Verherrlichung der ihnen entgegenkommenden Impulse. Im Zusammenhang damit setzen sich auch in der Regel Schemata und Rezepte des Vorgehens und des Umgehens durch, die im einzelnen Fall mehr oder minder abwandelbar sein mögen, im ganzen aber doch den gleichen Stil der Willensinstinktivität und Erfolgsbefangenheit aufweisen. Der Rückfall in die Seelenhaltung der vierten Kulturepoche bekundet sich auch hier besonders durch einen, meist ungewollt, doch unausweichlich, sich herausbildenden Schematismus der Information und Lenkung größerer und kleinerer Gruppen und durch die Geschicklichkeit, die bei der Verständigung mit Widerspenstigen und Schwierigen entfaltet wird, die man zu ›behandeln‹ versteht. Auf diesem Gebiet hat man in der westlichen Welt bereits reiche Erfahrungen gesammelt und sorgfältig durchgebildete wissenschaftliche Disziplinen sowie Ausbildungsverfahren entwickelt, die alle die Marke demokratischen Vertrauens an sich tragen und den gegenteiligen Erfolg garantieren. Gewiß ist nicht zu leugnen, daß man mit diesen Praktiken und dem kleinen Apparat, dessen man sich bei ihrer Anwendung bedient, zu immer erheblicheren

Ergebnissen teils erfreulicher, teils minder erfreulicher Art kommt. Daß man in manchen Fällen kaum anders kann, als auf derartige Mittel zurückzugreifen, um der unmittelbaren Not abzuhelfen, soll daher nicht bestritten werden. Man sollte dabei nur nicht aus den Augen verlieren, welchem Bewußtseinszustand man damit huldigt, und daß dieser ständig im Begriff ist, sich im inneren Umschlagen seiner Tendenzen, unbemerkt von seinen Trägern, selbst zu widerlegen.

Dennoch sind Toleranz und Vertrauen ohne Zweifel moderne und zukunftweisende Ideale. Sie leben als leuchtendes Vorbild in Persönlichkeiten wie *Lessing,* sie sind wirksam in den Menschen des Westens und des Ostens. In der östlichen Welt werden wir ihrer gewahr als modernen Lebensgefühls in der Zwangsjacke einer uralten Kollektivierung des sozialen Lebens, in der westlichen Welt als eines Strebens nach der modernen Gestaltung des sozialen Lebens, doch in dem Lebensgefühl einer vergangenen Zeit. Es ist unverkennbar, daß diese Verstrickungen des Alten und des Neuen ungeeignet sind, die Probleme unserer Zeit wahrhaft zu lösen, daß sie diese vielmehr, wie wir es in immer größerer Bestürzung und Sorge erfahren, nur vermehren können.

Hält man sich die hier angedeuteten Zusammenhänge vor Augen, die freilich einer genaueren Untersuchung bedürften, dann erkennt man wohl sofort, daß einen Fortschritt nur eine Klärung des Bewußtseins bringen könnte, die sich ebenso nach innen wie nach außen richten würde. Der nach außen gerichtete Blick müßte sich über die heutigen Lebensnotwendigkeiten des sozialen Organismus aufklären. Dieser Aufklärung bedürfen vor allem die Menschen der östlichen Welt. Der nach innen gerichtete Blick müßte ein Verständnis für den zeitgemäßen Helligkeits- und Aktivitätsgrad des Bewußtseins gewinnen. Dieser Selbstverständigung bedürfen vor allem die Menschen der westlichen Welt. Wird diese nach innen und außen gerichtete Bemühung unterlassen, müssen die Bestrebungen, deren Ziel die höchste Achtung und freieste Entfaltung der Persönlichkeit ist, in der entwickelten Weise in ihr Gegenteil umschlagen. Toleranz einerseits wird dann zur fahrlässigen Billigung jeder fremden Anschauung, zur Schlaffheit gegenüber der Wahrheit, zum Indifferentismus, der gerne die Maske der Großzügigkeit trägt. Vertrauen andererseits wird dann zur leichtgläubigen Wohlmeinung und zur verantwortungslosen Verbrüderung mit dem Erfolgsstreben, zum Opportunismus, der sich gerne der Maske des Wirklichkeitssinns bedient.

Die Forderung, die Bedürfnisse des sozialen Lebens zu klären, wie auch die andere Forderung, dem Anspruch der Seele an sich selbst durch die Bemühung um ihre Entwicklung zu genügen, wäre aber leichtfertig, wiese sie nicht auch auf die Mittel zum Erreichen der Ziele hin, die sie steckt. Klar ist zunächst, daß keineswegs die noch so hoch tönende Verkündung von Idealen und auch längst nicht das noch so lebendige Empfinden für ihre Bedeutung ausreichen, um den Prozeß der Entzweiung und Verstrickung aufzuhalten, dem unsere Welt immer hoffnungsloser zu verfallen scheint. Und selbst der in die Richtung der Ziele gewendete Blick fördert wenig, wenn die Bewußtseinshaltung unverwandelt bleibt. Und ebenso wenig finden die von den Schwingen der Zukunft beflügelten Bewußtseinskräfte ihre Ziele, wenn sie ihren Blick nicht an der Erkenntnis der modernen Lebensnotwendigkeiten geschärft haben.

Betont man demgegenüber die Bedeutung der Selbsterziehung der Seele, so begegnet man, namentlich in der westlichen Welt, allzuleicht dem Hohn, der im Beharren auf den Grundlagen des Intellektualismus immer neu die Unmittelbarkeit der Willenskraft und den Berechtigungsausweis des Erfolgs betont. In der östlichen Welt hat man ein sehr viel größeres Verständnis für die praktische Bedeutung des kulturellen Lebens, das ja nichts anderes als die Offenbarung der Selbsterziehung der Seele ist. Ein Zeugnis dafür ist, daß in der Sowjetunion wie in der Chinesischen Volksrepublik die Literatur als ein Faktor sozialer und politischer Macht anerkannt und gehandhabt wird. Ein noch lebendigeres Zeugnis ist der Widerstand Nordvietnams, das sich nach der Zertrümmerung aller materiellen Grundlagen, nach Zerstörungen, deren Ausmaß jene des zweiten Weltkriegs übertrifft, nun in der dritten Generation aufrecht erhält. Peter *Weiss*[4] entwickelt in einer bemerkenswerten Schrift, daß das kulturelle Leben, die erstaunliche geistige Aktivität der Vietnamesen, die Grundlage ihrer ungebrochenen Widerstandskraft bildet. Demgegenüber hat sich die westliche Welt in der Verachtung eines der fünften Kulturepoche wesensgemäßen Geisteslebens wahrlich mit Schmach bedeckt.

– Wir haben gesehen, daß die Toleranz ihr Ziel, die Achtung, Befreiung und Erhöhung der selbständigen Persönlichkeit, heute vielfach in eigentümlicher Selbstwiderlegung verfehlt und in der knebelnden Macht der Mehrheit oder im Indifferentismus endet. Wir haben ferner gesehen, daß in ganz ähnlicher Weise das Vertrauen in Leichtgläubigkeit, die im Grunde Unglaube ist, oder in Opportunismus, der im Grunde das individuelle

---

[4] Peter Weiss: ›Notizen zum kulturellen Leben der demokratischen Republik Vietnam‹.

Einmalige verachtet, umschlägt. Demgegenüber ist es nicht schwer, die reine Gestalt dieser Geisteshaltungen zu zeichnen. Wahre Toleranz wird nie bereit sein, die eigene Überzeugung aufzugeben, aber ebensowenig den Überzeugungsgehalt der ihr entgegentretenden Anschauung antasten, mag dieser zunächst auch nur in einer Andeutung veranlagt sein, die ihrer selbst ungewiß ist. Ebenso weit entfernt von Härte wie von Nachgiebigkeit, wird wahre Toleranz dem Wahrhaftigen in der eigenen wie in der fremden Anschauung vertrauen, möge es offenbar oder verborgen sein. Sie wird daher in der Treue ihres Wahrheitsstrebens unbeugsam sein, aber ebenso anknüpfungsbereit in dem Bemühen, auch aus den Gegensätzen heraus gemeinsame Ziele zu finden. Sie wird den Versuch, sich der entgegengerichteten Anschauung durch Erklärung und besonders durch die Tat verständlich zu machen, immer wieder erneuern, auch dann noch, wenn die von ihr abweichende Anschauung in ihrer Intoleranz so weit geht, der ihr widersprechenden Überzeugung die Selbstaufgabe anzusinnen und sie durch die Tat dazu zu drängen.

Ebenso wird wahres Vertrauen dem höheren Wesen des Anders- oder auch des Gleichgesinnten gelten und sich durch dessen Selbstverkennen weder täuschen noch abschrecken lassen. Es ist ebenso weit entfernt von der Berechnung des Einlenkens wie von dem Eigensinn des Beharrens auf Einzelheiten, die dem Begegnenden auf Grund der ihm möglichen Sicht nicht deutlich oder verständlich sein können. Echtes Vertrauen wird vielmehr jede Begegnung als eine solche der höheren Ichheiten zu erleben trachten, die ja oberhalb des vordergründigen Gesprächs der selbstbefangenen Personen ihren Dialog führen, dessen Klang um so deutlicher in den von streitbarer Zungenfertigkeit beanspruchten Ohren nachhallt, je weniger die Redenden bereit sind, der Unentschiedenheit mit schönem Wort nach dem Mund zu sprechen, je weniger sie die Schwierigkeiten zu verdecken, die Konturen zu verwischen trachten und je größer ihr Mut ist, das Verschwommene zu klären.

Es wäre von hohem Reiz, das Porträt dieser beiden Gestalten echter Menschlichkeit genauer auszuführen und dadurch noch deutlicher zu machen, wie sich ihr Wesen nur als die Wahrung der Mitte zwischen zwei stets drohenden Abseitigkeiten darstellen kann. Hier soll jedoch eine Antwort auf die noch wichtigere Frage versucht werden, was wir zu tun vermögen, um diese Gestalten in unserer Seele heimisch werden zu lassen.

Eine in diesem Sinne wohl selten vernommene Antwort hat Rudolf *Steiner* in dem Vortrag ›Der Christusimpuls im Zeitenwesen und sein

Walten im Menschen‹ gegeben[5]. Dieser Vortrag ist in seinem Gesamtinhalt eine Weiterbildung des Prologs des Johannesevangeliums. Er enthält jedoch auch eine solche Weiterbildung des Wortlauts, wie sie ebenfalls *Goethe* zu Beginn seiner Faustdichtung versucht hat. Doch während Faust in Goethes Dichtung anstatt der Geistigkeit des ›Wortes‹, wie er vermeint, näher zu kommen, in Wahrheit, über ›Sinn‹ und ›Kraft‹ zur ›Tat‹ fortschreitend, immer weiter in Richtung des Physisch-Materiellen absteigt, also das Evangelium falsch übersetzt und sich damit von der Weisheit des Christentums entfernt[6], entfaltet Rudolf *Steiner* diese Weisheit des Prologs zu neu lebendiger Offenbarung, wie sie dem Fortschritt der Entwicklung entspricht.

Im ersten Teil des Vortrags wird im unverkennbaren, wenn auch nicht ausdrücklichen Zusammenhang mit dem Folgenden auf die über- und vorirdischen Christusereignisse und deren Bedeutung für die Entwicklung und Errettung des Menschenwesens hingewiesen. Der wiederholten Durchdringung der nathanischen Jesus-Wesenheit mit dem Christusgeist verdankt die Menschheit die Fähigkeiten des Gehens (Aufrichtung), Sprechens und Denkens. In enger Verbindung hiermit steht der Hinweis auf die Wesenskonfiguration des Christus Jesus.

Das erste überirdische Christusereignis, das in der lemurischen Zeit stattfand, machte den Menschen zu einem aufrechten Wesen. Damals durchleuchtete die Geisteshöhe des menschlichen Ichwesens seine Willenstiefe.

Das vierte, das irdische Christusereignis, das Mysterium von Golgatha, verhinderte, daß das Denken in Unordnung komme. Es verlieh dem Menschen die Kraft, seinen Willen in die Höhe des Denkens zu erheben und dieses in seinem inneren Wahrheitsgehalt zu ergreifen, der zugleich die Weisheit der umgebenden Welt ist. In dem genannten Vortrag wird hierüber gesagt: ›Wenn man ... das Leben des Gedankens‹ ›begreifen lernt‹, ›dann wird man verstehen, was der Menschheit obliegt in ihrem ferneren Dasein.‹

Zwischen diesen beiden Christusereignissen liegen zwei weitere Ereignisse, die sich beide in der atlantischen Zeit abspielten. Sie betrafen die menschliche Sprachfähigkeit. Das erste dieser Ereignisse bewahrte die menschliche Sprachfähigkeit vor den Gefahren, welche diese bedrohen,

---

[5] 7. März 1914.
[6] Vgl. Rudolf Steiner: Das Faustproblem, 30. 9. 1916.

insofern sie innere Erlebnisse zum Ausdruck bringt. Das zweite dieser atlantischen Ereignisse bewahrte die menschliche Sprachfähigkeit vor den Gefahren, die sie bedrohen, insofern sie Zeichen für äußere Tatsachen und Vorgänge schafft.

Indem die Sprache, das ›Wort‹, diese beiden Teilwirkungen in sich zusammenfaßt, die Ausdrucks- und die Bezeichnungsfähigkeit, vereint sie als die Mitte zwischen Gehen (Aufrichtung) und Denken in sich den Läuterungsgehalt des ersten und vierten Christusereignisses. Denn die wahre Ausdrucksfähigkeit erlangt die Sprache erst dadurch, daß die von Willensdumpfheit genährte Emotionalität ichhaft durchleuchtet wird, der Mensch sich also aus dem Ausdrucksbereich des Leibesmenschen in jenen des Geistesmenschen aufrichtet. Ebenso kann die Sprache erst dann richtige Zeichen für die menschliche Umwelt schaffen, wenn der zeichensetzende Wille den inneren Wahrheitsgehalt des Denkens ergreift, der zugleich Weltenweisheit ist.

Von diesen beiden Heilskräften der Sprache kündet der Prolog des Johannesevangeliums, indem er sowohl die innere Ursprünglichkeit des Wortes bei Gott als auch dessen weltgestaltende Schaffenskraft anruft. Die geistgemäße Weiterentfaltung des Prologs muß daher eine Metamorphose dieser beiden Kräfte (in menschlicher Abschattung der Ausdrucks- und Bezeichnungskraft) sein. Die Kräfte des durch das vierte Christusereignis geläuterten Denkens sind es, die in dieser Metamorphose wirksam werden.

Die erste Weiterbildung des Prologs durch Rudolf *Steiner* ist eine Erneuerung und Erhöhung des Aufrichteerlebnisses, wie es der Ausdruckskraft der Sprache eignet. Diese Ausdrucksläuterung der Sprache wird durch die Gedankenkraft des vierten, des irdischen Christusereignisses zu einem neuen Aufrichteerlebnis gesteigert:

›Im Urbeginne ist der Gedanke,
Und der Gedanke ist bei Gott,
Und ein Göttliches ist der Gedanke.
In ihm ist Leben,
Und das Leben soll werden
Das Licht meines Ich.
Und scheinen möge der göttliche Gedanke in mein Ich,
Daß die Finsternis meines Ich ergreife den göttlichen Gedanken.

Im Urbeginne ist der Gedanke,
Und ein Unendliches ist der Gedanke,

Und das Leben des Gedankens ist das Licht des Ich.
Erfüllen möge der leuchtende Gedanke die Finsternis meines Ich,
Daß die Finsternis meines Ich ergreife den lebendigen Gedanken
Und lebe und webe in seinem göttlichen Urbeginne.‹

Die zweite Weiterbildung des Prologs durch Rudolf Steiner ist eine
Erneuerung und Erhöhung des Wahrheiterlebens, wie es der Bezeichnungskraft der Sprache eignet. Der Gedanke als inneres Wahrheitserleben
wird durch den Denkwillen zugleich in seiner weltgestaltenden Kraft
ergriffen. Die Erinnerung wird dadurch, wie in dem Vortrag dargestellt
wird, unabhängig von äußeren Dokumenten, weil sie in der Welt und Seele
gleichermaßen durchdringenden Wahrheit lebt. Diese Fähigkeit kann
heute nur unvollkommen als der Vorglanz ihrer Ausbildung in der sech-
sten Kulturperiode erlebt werden. In diesem Vorglanz kündigt sich gleichzeitig das ätherische Christuserlebnis an.

Die zweite Weiterbildung des Prologs durch Rudolf *Steiner* lautet:

›Im Urbeginne ist die Erinnerung,
Und die Erinnerung lebt weiter,
Und göttlich ist die Erinnerung,
Und die Erinnerung ist Leben,
Und dieses Leben ist das Ich des Menschen,
Das im Menschen selber strömt.
Nicht er allein, der Christus in ihm.
Wenn er sich an das göttliche Leben erinnert,
Ist in seiner Erinnerung der Christus,
Und als strahlendes Erinnerungsleben
Wird der Christus leuchten
In jede unmittelbar gegenwärtige Finsternis.

Im Urbeginne war die Kraft der Erinnerung.
Die Kraft der Erinnerung soll werden göttlich,
Und ein Göttliches soll werden die Kraft der Erinnerung.
Alles, was im Ich entsteht, soll werden so,
Daß es ein Entstandenes ist
Aus der durchchristlichten, durchgöttlichten Erinnerung.
In ihr soll sein das Leben,
Und in ihr soll sein das strahlende Licht,
Das aus dem sich erinnernden Denken

In die Finsternis der Gegenwart hereinstrahlt.
Und die Finsternis, so wie sie gegenwärtig ist,
Möge begreifen das Licht der göttlich gewordenen Erinnerung.‹

Diese Weiterbildungen der Aufrichte- und Wahrheitkraft durch die Entfaltung der Ausdrucks- und Bezeichnungskraft der Sprache sind nun zugleich die meditativen Bestärkungen des Toleranz- und Vertrauensvermögens. Läuterungen von Toleranz und Vertrauen sind diese Meditationen, weil sie diese Seelenkräfte vor dem Abirren aus ihrer Mitte in die Richtung ihrer Verführungen und Entstellungen bewahren. Die erste Weiterbildung des Prologs durch Rudolf *Steiner* kann zur Durchseelung der Toleranz führen. Denn diese Weiterbildung lenkt unseren Blick auf den göttlichen Gedanken als das Licht unseres Ich, das unserem Willen die läuternde Aufrichtekraft verleiht. Wenn wir uns im Geiste dieser Kraft, uns selbst treu bleibend, aufrichten, kann unser derart durchlichtetes Ich den Weg zur wahren Toleranz finden. Denn es vermag dann in jedem Begegnenden, vielleicht noch verborgen, vielleicht schon hell strahlend, die gleiche Kraft anzuschauen, die alle Menschen-Iche aus dem göttlichen Urbeginn hervorgehen läßt und zu ihm zurückführt.

Die zweite Weiterbildung des Prologs durch Rudolf *Steiner* kann zur Erkraftung des Vertrauens führen. Denn sie lenkt unseren Blick auf die Willenskraft, welche die im Seeleninneren, in der Erinnerung wirksame Wahrheit als eine nicht nur selbstische, vielmehr als eine christliche ergreift. Durch diese im erstarkten Denkwillen ergriffene Innerlichkeit der Christuswesenheit können wir uns der in der Welt waltenden Weisheit verbunden fühlen, kann Geschichte Seelengegenwart werden. Dadurch aber finden wir auch das richtige Vertrauensverhältnis zu den schicksalverbundenen Menschen, deren wahres, von ihnen selbst oft verkanntes Wesen ein christliches ist. Wir werden uns um so treulicher mit ihnen geistig vereinigen, je weniger wir die im Sinne des Opportunismus trennenden Schwierigkeiten scheuen und je mehr wir dem Christlichen in uns selbst treu zu bleiben trachten.

Die Erneuerung und Fortbildung des Aufrichte- und Wahrheitserlebens in den meditativen Metamorphosen des Prologs, die wir Rudolf *Steiner* danken, können also zu einer Läuterung und Bewußtmachung der Toleranz- und Vertrauenskraft im Geiste der fünften Kulturepoche führen. Sie können die inneren Quellen unserer Sprachkraft derart beleben, daß diese uns allmählich immer besser befähigt, im Umgang mit den schicksalverbundenen Menschen das friedliche Wort der Verständigung zu finden. Ohne Verwandlung der Seele aber werden die freien Ideale der Zukunft zu den Ketten der Vergangenheit; ohne den Blick für die soziale Grundforderung unserer Zeit stürzen die Schwingen der Seele in den Abgrund des Seelentodes.

Man sollte nicht entgegnen, daß angesichts der Überwucht praktischer Forderungen unserer Zeit solche intimen Erlebnisse dem Hohn verfallen würden, mit dem sie der mangelnde Wirklichkeitssinn und die Popularitätsanmaßung überschütten wollen. Dies wird freilich geschehen. Werden sich aber, davon unbeirrt, nicht dennoch Menschen finden, die den Versuch machen wollen, den Weg zu gehen, den Rudolf Steiner gewiesen hat?

Der Schlüssel

In den ›Beiträgen zur Morphologie‹ berichtet *Goethe* von einer wunderbaren Merkwürdigkeit seines inneren Vermögens: ›Ich hatte die Gabe, wenn ich die Augen schloß und mit niedergesenktem Haupte mir in der Mitte des Sehorganes eine Blume dachte, so verharrte sie nicht einen Augenblick in ihrer ersten Gestalt, sondern sie legte sich auseinander, und aus ihrem Inneren entfalteten sich wieder neue Blumen, aus farbigen, auch wohl grünen Blättern; es waren keine natürlichen Blumen, sondern phantastische, jedoch regelmäßig wie die Rosetten der Bildhauer. Es war unmöglich, die hervorsprossende Schöpfung zu fixieren, hingegen dauerte sie so lange, als mir beliebte, ermattete nicht und verstärkte sich nicht.‹ Die nachfolgenden Betrachtungen sollen an ihrem Ende zu dieser Mitteilung Goethes zurückführen.

Wer an einem Bach entlanggeht, den hellrindige Platanen überwölben, mag jener Kindheitsjahre gedenken, die ihm das Gehen, Sprechen und Denken schenkten.

Noch heute betritt er den Schauplatz seines Schicksals, spricht er aus, was er erlebt, und begreift er, was ihn umgibt. Doch würde ihn das Vermeinen, er hielte noch jene frühen Gaben in der Hand, betrügen. Ihr Leben ist ihm entschlüpft, und verblieben sind ihm nur die toten Verpuppungen.

Wer in seinem Erinnern noch einen Abglanz jenes Vorgangs bewahrt, durch den sich der Mensch, sich zum ersten Mal aufrichtend, über das Tierreich erhebt und seine Herkunft aus der geistigen Welt wie auch seinen

Hingang in diese bekundet, der trägt das Gefühl der Feierlichkeit als unverlöschliches Zeugnis des Menschlichen in sich. Feierlich-festlich, wenn auch dunkel-staunend hat er damals Höhe, Tiefe und Umkreis, die Veranlagung der drei Ehrfurchten, empfunden. Der erste Schritt in die Welt war getragen von der Geistigkeit des Kosmos. Das Erfahren der Wirklichkeit empfing Bewegung und Richtung von dem Atem der Himmelsrichtungen. Hat uns doch Rudolf *Steiners* Geistesschau die Kenntnis vermittelt, der menschlichen Aufrichtung liege ein kosmisches Ereignis zu Grunde.

Sprechend lernte er sodann, in Lauten zu bilden, was ihm Menschen und Dinge als das Erleben, das sein Selbst formte, einflößten, und was er ihnen als sein Erleben, das ihm die Welt enthüllte, entgegentönen ließ.

Denkend endlich folgte er dem Entstehen der Dinge aus den unerschöpflichen Wurzeln, die sich in sein Wesen senkten und ihn sich selbst in den Früchten schmecken ließen, die der Weltenbaum trug. Die Welt war ein Märchen.

Ein Schimmer dieser ersten Erlebnisse mag sich mitunter auch über unser heutiges Verhalten und Vorstellen legen. Welch ein Bild aber müssen wir von uns selbst malen, wenn wir uns ohne Beschönigung vergegenwärtigen, wie sich unsere Seelenkräfte bekunden!

Unser Denken beruht auf dem Bilde, das wir selbst von uns entworfen haben, das deutlicher oder verwischter, jedoch stets wirksam, alle anderen Bilder bestimmt. Nach dem Muster dieser Maske von uns selbst schneiden wir die Masken für jedes Vorkommnis zurecht, vor allem für die Menschen, die uns begegnen. Wenn wir behaupten, wir schöpften unser Urteil über ein Ereignis oder eine Persönlichkeit aus unserer Lebenserfahrung, sollten wir uns lieber eingestehen, daß wir unsere Erfahrungen maskieren, ihnen also unsere Vorurteile aufdrängen.

Unser Fühlen entfaltet sich nicht in solchen Regungen, denen wir uns unmittelbar überlassen dürfen, wie etwa dann, wenn wir die Dinge, gleich *Goethe,* ›wohl beschaut‹ und ›rein aufgefaßt‹ haben. Vielmehr bildet, was in diesem Bereich unseres Wesens unmittelbar aufsteigt, den Belag des Spiegels, der uns das eigene Gesicht zeigt, – doch nicht, wie es ist, sondern wie es uns gefällt. Unsere Sympathien und Antipathien enthüllen uns nicht das Wesen der Menschen und Dinge, auch nicht unser eigenes Wesen, sondern liefern uns der Herrschaft unserer Wünsche aus, in denen wir uns selbst lieben.

Unser Wollen ist nicht die offene Hand, die sich vom Druck der begegnenden Hand sagen läßt, was sie selbst wollen kann, sondern der Griff nach dem Ziel, der auch dann, wenn er einem Bedürfnis zu dienen glaubt, nur die eigene Absicht verfolgen und erreichen möchte. In unseren Absichten aber verfehlen und verlieren wir, was in uns entstünde, wenn wir auf eigene Willensziele verzichten würden.

Eine solche Verständigung mit uns selbst ist nicht unfruchtbare Bußfertigkeit, sondern der nüchterne Blick auf die Lage, in der sich die Menschen der Gegenwart befinden. Die Maske, der Spiegel und der Griff veranschaulichen die Lebenshaltungen, deren Folge die Entfremdungen sind, die als das Elend unserer Zeit jede echte Begegnung unter Menschen verderben und verhindern wollen. So viel man auch auf Abhilfe sinnen wird, so gute Vorsätze man hegen und so nützliche Einfälle man haben mag, – alles, was man unternimmt, bleibt vorläufig und zuletzt wirkungslos, solange es des Hilfsmittels ermangelt, das jenes größten aller Übel Herr wird. Denn die Entfremdung, welche die Köpfe, Herzen und Hände entzweit, zerstört allen scheinbaren Ausgleich, der nicht einer Steigerung der Menschlichkeit entspringt.

Die Ursachen der Entfremdung sind leicht aufzuzeigen. Sie liegen in der Abwendung von jener ursprünglichen Menschlichkeit, die wir noch in unserer Kindheit besaßen, aber durch Erziehung und eigenes Verschulden verloren. Mögen wir die Erinnerung an diesen Zustand auch eingebüßt haben, so fehlt doch keinem von uns völlig das Nachgefühl, wodurch er in uns weiterwirkt. Daher gibt es wohl kaum einen Menschen, dessen innerstes Empfinden verleugnen könnte, daß es die Heilung des Entfremdungsübels wäre, wenn es gelänge, die Heiterkeit und den Ernst der ersten Kindheitsjahre mit der Kraft gereifter Bewußtheit auf erhöhter Stufe zu beleben.

Vergegenwärtigen wir uns dies in andeutender Kürze, wenngleich nicht zu übersehen ist, daß solche naive Einsicht noch nicht die Wendung bringen könne.

Der Selbstmaskierung und damit der Welt- und Menschenmaskierung wird wohl kaum entgehen, wer Selbsterkenntnis durch den Blick nach innen sucht. ›Das Sichversenken in das eigene Innere ist ja doch nichts anderes als ein raffinierter Egoismus, nichts anderes als ein Zurückziehen auf die egoistische Persönlichkeit... Heute taugt dieses Vertiefen und Versenken in das Innere nicht mehr, heute handelt es sich darum, ein Christuswort nun wirklich richtig zu verstehen... ›Wenn zwei oder drei in meinem Namen vereinigt sind, dann bin ich mitten unter euch...‹ (Rudolf

Steiner, Vortrag vom 6. Februar 1920). Durch die Wendung nach innen können wir geistgemäß nicht unser eigenes Wesen, sondern allein die Weltlage erkunden. Denn in den Schwierigkeiten und Möglichkeiten, die unser aufmerksamer Blick in uns selbst erforschen mag, zeigt sich an, was der Welt fehlt und was in ihr zur Entfaltung drängt. Daher ist wahrhaft moderne Seelenkunde Weltkunde. Was wir aber selbst sind, malt die Hand der Welt auf den Grund unseres Schicksals. Vor allem in den Augen der Menschen können wir uns selbst lesen lernen. Ihre Vorzüge geben uns erst das rechte Maß für die eigenen Fähigkeiten. Ihre Mängel und Schwächen mahnen uns, daß ihnen unausgebildete Seiten unseres Wesens entsprechen, die wir bisher nicht genug beachteten oder überhaupt übersahen.

Lernen wir uns in den Blicken der Menschen, die Welt dagegen in der eigenen Seele lesen, dann werfen wir die Masken ab, durch die wir uns vor uns selbst verbergen und, indem wir sie andern überstülpen, dem Schrekken zu entfliehen trachten, der uns befallen will, wenn uns aus der unverhüllten Menschlichkeit des Begegnenden das eigene Wesen entgegentritt. Dies ist das Erlebnis des Johannes Thomasius zu Beginn von Rudolf *Steiners* Mysteriendrama ›Die Pforte der Einweihung‹. Freilich ist solches Erwachen am anderen Menschen zum eigenen Wesen für jeden, der es wahrhaft erfährt, mit der tiefsten Erschütterung verbunden, wie sie auch den Johannes Thomasius ergreift. Denn es stellt uns zugleich vor Augen, wie weit wir uns vom Ursprung und der Aufgabe unseres Menschentums entfernt haben.

Während unserer Kindheitstage aber waren wir noch selbst die Schrift, die wir in den Augen der Menschen lasen, wenn wir Gedanken bildeten, und spürten wir, wie sich die Welt in uns regte, wenn das geheime Werden des Gedankens in uns am Werk war. Und ebenso wie wir damals, ohne es selbst zu wissen, Christen waren, weil wir den Menschen vertrauten und gar nicht anders zu leben vermochten, als in dem Beisammensein, das die Gegenwart des Urbildlich-Menschlichen herbeiruft, – so könnte die Demaskierung (der wahrhaft festliche Sinn der Fastnacht) unser Denken wieder in seine Menschenwürde einsetzen. Damit aber würden wir uns auch zugleich darauf vorbereiten, Selbsterkenntnis nicht in der Selbstbetrachtung, sondern in der erhöhten Kindlichkeit der Gemeinschaftserfahrung zu suchen. In solcher Gemeinschaftserfahrung würden wir die härteste Fessel abwerfen und die bewußteste Freiheit erlangen. Sprengen würden wir die Fessel unserer Vorurteile und gewinnen würden wir die doppelte Freiheit, einerseits für unsere Fähigkeiten dadurch den besten

Ansporn zu empfangen, daß wir sie in anderen Menschen auf neue Weise erscheinen sehen, und anderseits für unsere Schwächen die eigene Aufmerksamkeit am meisten dadurch zu schärfen, daß sie uns an anderen deutlicher entgegentreten.

Nicht minder Bedeutsames können wir im Gespräch erlernen. Es kann uns lauschen und reden lehren. Im Gespräch können wir erlauschen, wie der andere Mensch uns selbst ausspricht, nicht durch seine Vorstellungen, die Vorurteile sein mögen, sondern durch die innere Gebärde seines Sprechens, die ihm selbst unbewußt bleiben mag und durch die er uns vielleicht dann am nachdrücklichsten bestätigt, wenn er uns in seinen bewußten Äußerungen von sich abstößt. Im Gespräch können wir aber auch unsere Empfänglichkeit dafür schulen, wie sich das Wesen des Begegnenden in uns belebt, wenn wir auf verstandes- und gemütsmäßige Anerkennung oder Verwerfung seiner Eigenart verzichten. Dies aussprechen zu können wäre die Aufgabe einer Unterredungskunst, die sich in Zukunft entwickeln wird. Sie könnte das Gespräch zu einer rechten Übung des ›Wohl-Beschauens‹ und ›Rein-Auffassens‹ erheben, zur bewußten Kultur jener herrlichen Fähigkeiten, die wir als Kinder besaßen, solange sie unsere Umgebung nicht verdarb.

Solches Wohl-Beschauen und Rein-Auffassen läßt uns in der Gefühlssphäre des Gesprächs eine neue Unmittelbarkeit des Erfahrens finden. Denn sobald wir den Trugschleier der Sympathien und Antipathien zerreißen, offenbart sich in uns, wie das Wesen der Dinge und Menschen in unserem Erleben zu unmittelbarer Offenbarung drängt und wie in den Menschen, die uns begegnen, ähnliches geschieht, wenn auch meist unter der Oberfläche eines ganz anders gearteten Vorstellens und Empfindens. Wir beginnen auf diese Weise jene Eigenschaft zu entwickeln, die Rudolf *Steiner* ›bewußte Naivität‹ genannt hat. Hiermit sind jene inneren Ereignisse unseres Seelenlebens gemeint, denen wir uns unmittelbar, also ›naiv‹, d.h. ohne das Zutun unseres Verstandes überlassen, nachdem wir zuvor unser Gefühlsleben von den störenden und fälschenden Einschlägen bewußt gereinigt haben, die sich in die Lauterkeit eindrängten, welche es noch in seinen kindlichen Ursprüngen besaß. Während unsere Sympathien und Antipathien den verschönernden Zerrspiegel unserer Eigenliebe bilden, beginnt sich nun durch ihre Umwölkungen die Klarheit eines anderen Spiegels hindurchzuarbeiten. Überlassen wir uns in unbewußter Naivität den Spiegelungen unserer Sympathien und Antipathien, dann wird *diese* Art von Unmittelbarkeit zur Quelle des Kränkenden, des Wunden und

Krankheit Bringenden unter den Mitmenschen wie im eigenen Inneren. Der Spiegel der bewußten Naivität dagegen ist in seiner lauteren Unmittelbarkeit ein Heiler, da er das Bild eines Heilkrautes für alles Vergiftende in sich aufleuchten läßt. Dieser Spiegel ist nicht der Spiegel der Eigenliebe, sondern jener des Schicksals. Denn dessen heilend-ordnende Gegenwart kann im Beginne des Weges der Geistesschulung kaum anderswo lebhafter empfunden werden als im Gespräch. Bekundet sich doch in diesem deutlich, wie Menschen vom Schicksal zusammengeführt werden und sich lauschend und redend finden oder verlieren. Daher kann Goethe in seinem Märchen die grüne Schlange auf die Frage des goldenen Königs, was erquicklicher sei als das Licht, antworten lassen: ›Das Gespräch‹. Freilich, nichts auch ist unerquicklicher als jene Art des Gesprächs, dem die hier angedeutete, auf bewußter Stufe wiedergewonnene Kindlichkeit fehlt.

Verwandtes kann über jenen Teil unseres Wesens gesagt werden, der dazu neigt, sich in Absichten zu bekunden. Anstelle eigener Zielsetzungen kann man sich aber darum bemühen, das Streben anderer Menschen zu verstehen und bewußt in diesem zu leben, wie man es als Kind unbewußt tat. Hierauf könnte man freilich entgegnen, man stelle damit zwar die eigenen Ziele zurück, es ändere sich dadurch aber nichts Grundlegendes am Kräftespiel des Lebens. Denn es träten an die Stelle der eigenen Zielsetzungen eben andere, wobei es keineswegs gewiß sei, ob diese geeignet seien, der allgemeinen Wohlfahrt besser zu dienen. Darauf ist zu erwidern, daß das wahre Leben mit den innersten Impulsen anderer Menschen keineswegs als schlaffe Nachgiebigkeit auftritt. Es braucht durchaus nicht gleichbedeutend mit der Billigung dessen zu sein, was an die Oberfläche des Bewußtseins jener tritt, mit denen man sich in echter Anteilnahme verbinden will. Ja, ihre bewußten Absichten können ihrem wahren Wesen in solchem Maße widersprechen, daß man gerade dann, wenn man innerlich *mit* ihnen will, ihnen im äußeren Aufeinandertreffen der Handlungen entschieden *entgegentreten* muß. Entscheidend ist dabei, welche Willenshaltung man innerlich einnimmt, nicht, in welcher Form diese äußerlich erscheint. Sucht man eine eigene Absicht durchzusetzen oder einem allgemeinen Bedürfnis zu dienen, verleugnet man in beiden Fällen das Individuell-Menschliche und zwar ebenso in sich selbst wie in dem anderen Menschen. Denn das Individuelle in uns selbst stellt sich nicht in unseren eigenen Absichten dar, sondern in den Impulsen der geistigen Welt, mit denen wir uns intuitiv verbinden. Diese Impulse aber wollen nicht allgemeinen Bedürfnissen unmittelbar dienen (auch nicht den Bedürfnissen

Einzelner, in denen sich ein Allgemeines darstellt), sondern möglichst viel Schöpferisches unter den Menschen zur Entfaltung kommen lassen. Dieses Schöpferische tritt ins Dasein allein durch die freie Entwicklung der Persönlichkeiten, die wiederum dadurch am reichsten und schönsten zur Geltung kommt, daß jede der zusammenwirkenden Persönlichkeiten das Individuell-Einmalige der anderen am höchsten zu achten und am besten zu fördern strebt. Hierdurch wird mittelbar allen berechtigten Bedürfnissen das ihnen Gebührende in der menschlich am meisten befriedigenden Weise zugeführt. Und gleichzeitig bildet sich dadurch eine Gemeinschaft freier Menschen durch die Verwebung ihrer Produktivitäten. Sucht man dagegen mit dem Griff der eigenen Absichten die Mittel zu erlangen, durch die man noch so berechtigt erscheinenden Bedürfnissen dienen will, dann gerät man, ausgehend vom eigenen Persönlichen, in eine Sphäre des Allgemeinen, wo anstelle einer Gemeinschaft der Freien die Ausbreitung von Anschauungen und Handlungen, anstelle des individuellen Liebesdienstes der Persönlichkeiten aneinander das absichtsvolle Wollen tritt, das sich im Bereich der Bedürfnisse seine Ziele sucht.

Wenn in einer Gemeinschaft solche gegenseitige Förderung auch nur in ihren Anfängen zur Gesinnung wird, dann zeigt es sich bald, wie abwegig es wäre, in einem solchen Fall noch davon zu sprechen, man lasse an die Stelle der zurückgestellten eigenen nur andere Absichten treten, die vielleicht sogar schlechter sind. Vielmehr zieht in eine solche Gemeinschaft die Festlichkeit ein, die mit dem echten Wiedergewinn der Aufrichtekraft verbunden ist. Denn in die geistige Welt hinein richten wir uns auf, indem wir uns voll Ehrfurcht in alles einleben, was uns umgibt, vor allem in die uns verbundenen Menschen und das in ihnen lebende Göttliche. In solcher Festlichkeit wandelt sich alles Absichtsvolle in das Mitwirken und Teilnehmen an der festlichen Tatsache wahrer Gemeinschaftsbildung. Und an die Stelle der eigenen Ziele tritt die Gegenwart eines die Gemeinschaft erfüllenden, unter ihren Gliedern weilenden Geistes. Dieser kommt freilich nicht von oben unter die Menschen, wie in vorchristlicher Zeit, vielmehr erheben sich die Menschen zu ihm mit dem christlichen Auferstehungsimpuls, der unserer Aufrichtung einwohnt.

So könnte man ein Bild des Menschlichen zu malen versuchen, dessen Attribute nicht Maske, Spiegel und Griff, sondern Blick, Schicksal und Erhebung sind. Solchen Betrachtungen folgend könnte man daher ein Bewußtsein davon erlangen, welchen Duft der Freiheit und Befreiung wir zu atmen beginnen, wenn wir Selbsterkenntnis nicht in uns selbst, sondern in den Erlebnissen der Menschenbegegnungen suchen, – man könnte ferner von der Gesinnung durchdrungen werden, welche heilende Arznei wir uns selbst und auch andern reichen, wenn wir unser Gefühlsleben verwandeln, indem wir die Neigung zu unbewußter Naivität, die sich gerade hier am entschiedensten durchsetzen möchte, überwinden und an ihre Stelle die bewußte Naivität setzen, – und man könnte endlich sich von der Festlichkeit erhoben fühlen, die sich unter Menschen ausbreiten kann, wenn sie, anstatt ihren Absichten zu folgen, zu Beschützern des Individuellen, des Heilig-Produktiven in anderen Menschen zu werden trachten.

Man kann aber auch, und gewiß mit einigem Recht, einwenden, daß mit Ausführungen der hier versuchten Art wenig geändert werde. Denn wer nicht in seinen Vorurteilen, Sympathien und Antipathien sowie Absichten lebe, bedürfe ihrer nicht. Wer aber seine Kindlichkeit verloren habe und sie nicht neu zu erlangen strebe, werde von solchen Gedanken und Gesinnungen, wenn er sie überhaupt beachte, nur dazu angeregt werden, seine Vorurteile, Sympathien und Antipathien sowie Absichten um so zuversichtlicher auszuleben. Dem kann man nur die Bestätigung durch die eigene Erfahrung hinzufügen.

Dennoch kann man sich drei Gesichtspunkte vergegenwärtigen, die vor Entmutigung schützen. Einmal sind die Enttäuschungen, die man erlebt, wenn man den hier angedeuteten Weg einschlägt, geeignet, zu zeigen, wie wenig weit man auf ihm fortgeschritten ist. Denn andernfalls würde, was in uns lebt, sich durch stärkere Wirkung in den menschlichen Begegnungen bekunden. Anderseits dürfen wir darauf vertrauen, daß ein echtes Streben nie vergeblich ist und vielleicht im Geheimen die stärkste Wirkung tut, wo uns das Offenbare aller Hoffnung zu berauben scheint. Und endlich ist doch wohl unter allen Katastrophen, die wir herannahen sehen, die Katastrophe der Entfremdung die bedrohlichste. Daher können wir wohl kaum einem anderen Versuch eine ernstere Anstrengung widmen als jenem, der sich bemüht, Hilfe gegen dieses Unheil zu leisten. Wo aber könnte unsere Bemühung zuverlässiger Fuß fassen, als in uns selbst? Wir müssen das Entfremdende in uns selbst überwinden, ehe wir hoffen können, anderen bei seiner Bemeisterung beizustehen.

Der Schlüssel, welcher die Pforte öffnet, die zu durchschreiten die heutige Menschheit aufgerufen ist, wird durch die Umwandlung unserer Seelenkräfte gebildet, durch den Wiedergewinn jener Offenheit und Innigkeit, in der sie sich unserer Kindheit offenbarten und die wir neu gewinnen müssen, jedoch mit dem vollen Reichtum des entwickelten Geistes. In der

Haltung des unverwandelten Seelischen mag man auch heute noch in vielen Einzelfällen Auswege und Abhilfen finden, und jenen, deren Geschicklichkeit solchem Beistand gewidmet ist, gebührt unser Dank. Die Dürre des Saatfeldes der menschlichen Seelen wird aber nicht dadurch in Fruchtbarkeit verwandelt, daß man einigen oder auch zahlreichen Darbenden Brot aus seinen Notvorräten spendet. Nur die Verjüngung der produktiven Kräfte in den menschlichen Seelen kann wahrhaft helfen.

Wenn wir die ungeschwächte Ursprünglichkeit dieser produktiven Kräfte in *Goethes* Wesen bewundern, wozu uns sein Bericht über das imaginative Entfaltungswunder veranlassen mag, jenes urbildliche Werdegeschehen, das eine Art Schlüssel zum Reiche der Mütter darstellt, so sollten wir einerseits nicht übersehen, daß auch Goethe seine Größe erst der bewußten Kultur dieser Naturgabe verdankt.

Anderseits sollten wir uns auf die Samenkorn-Meditation besinnen, wie wir sie durch Rudolf *Steiner* kennenlernen durften. Wenn wir angesichts eines Samenkorns die Pflanze, deren Werden es verspricht, sich in dem beweglichen Element unseres innerlich tätigen Anschauens entwickeln lassen, dann fühlen wir, wie sich in uns die Frische ursprünglicher Kräfte mit der Besonnenheit vermählt, die wir erst erlangen, wenn wir ihr das Opfer unserer unbewußten Naivität gebracht haben. Indem wir mit unserem Willen unser Denken durchdringen und dieses dadurch fähig machen, sich in ein anderes Wesen hinüberzuleben, erkennen wir erst, wozu wir fähig sind, erkennen wir uns selbst. Wir sind frei von den Beengungen unseres subjektiven Erlebens und frei dazu, uns in den Welterscheinungen zu finden. Wir fühlen uns aber auch belebt und geheilt durch die ursprünglichen Kräfte, die unsere Hingabe belohnen, indem sie in uns selbst ein neues Feld ihrer Entfaltung finden. Wir sprechen uns selbst aus, indem wir die Sprache der Dinge und Wesen in uns erlauschen lernen. Und wir erleben das Festlichste, das Menschen erleben können, wenn sie bemerken, daß sich ihr Wille nicht persönliche oder allgemeinen Bedürfnissen dienende Ziele zu wählen braucht, sondern zum Behüter eines anderen Wesens werden kann. Wir richten uns zu unserer wahren Menschlichkeit auf. In solch dreifachem Erfahren mögen wir nachempfinden, wovon *Goethe* im inneren Beschauen des imaginativen Pflanzenwunders bewegt wurde.

Herbert Witzenmann

VERZWEIFLUNG UND ZUVERSICHT

240 Seiten, kt., ISBN 3-85704-169-2

Neun Essays zur kulturellen und sozialpolitischen Lage der Zeit.

»Als Ökonom fasziniert mich besonders der Vorschlag zur Reduktion der Arbeitslosigkeit durch Schaffung einer Kette miteinander kommunizierender Bildungsstätten, die (auf ökologisch orientierter) landwirtschaftlicher und handwerklicher Grundlage beruhen und so auch eine ökonomische Grundlage haben. Das heißt: Arbeitslosigkeit nicht nur begreifen als Übel, das es einfach zu beseitigen gilt, sondern als Chance zum Durchbruch zu einer durchgreifenden und umfassenden menschlichen Orientierung. Witzenmann macht deutlich, daß es bei der heutigen Krise um grundsätzliche Aspekte der Zivilisation geht, und dabei ein radikaler Bewußtseinswandel erforderlich ist. Wer zum Buch ›Verzweiflung und Zuversicht‹ greift, wird wesentliche Impulse erhalten, die in eine ganz neue Richtung weisen.«

> Prof. Dr. Hans Christoph Binswanger
> Vorsitzender der ›Forschungsgemeinschaft
> für Nationalökonomie‹
> Hochschule St. Gallen für Wirtschafts- und
> Sozialwissenschaften

Themen: Arbeitslosigkeit ● Entspannungspolitik ● Sinnfrage des Lebens ● Kunst und Kunstauftrag ● Kulturgeographie ● Motivation und Sinnfindung ● Endzeithysterie ● Terrorismus ● Naturwissenschaft und Seelenverödung

Band 2 der Reihe Zeitbetrachtungen und Bewußtseinsfragen

GIDEON SPICKER VERLAG

Werke Herbert Witzenmanns

Reihe Zeitbetrachtungen und Bewußtseinsfragen
Was ist Meditation?
87 S., kt., ISBN 3-85704-168-4, Bd. 1
Eine grundlegende Erörterung zur geisteswissenschaftlichen Bewußtseinserweiterung.

Verzweiflung und Zuversicht
Bd. 2 – Siehe Sonderanzeige

Anthroposophie und Parapsychologie
2. Auflage, 37 S., kt., ISBN 3-85704-170-6, Bd. 3
Außersinnliche Wahrnehmung und anthroposophisch orientierte Geisteswisssenschaft.

Was ist Reinkarnation?
ca. 150 S., kt., ISBN 3-85704-171-4 (in Vorbereitung), Bd. 4
Ein meditativer Weg zur Friedensfähigkeit durch den Friedensschluß des Menschen mit dem eigenen Wesen.

Strukturphänomenologie
104 S., kt., ISBN 3-85704-172-2, Bd. 5
Vorbewußtes Gestaltbilden im erkennenden Wirklichkeitenthüllen.
Ein neues wissenschaftstheoretisches Konzept im Anschluß an die Erkenntniswissenschaft Rudolf Steiners.

Reihe Sozialästhetische Studien
Die Prinzipien der Allgemeinen Anthroposophischen Gesellschaft als Lebensgrundlage und Schulungsweg
2. stark erweiterte Auflage, ca. 70 S., kt., ISBN 3-85704-220-6, Bd. 1
Die Begründung eines neuen die materialistische Welterfassung überwindenden Zivilisationsprinzips.

Idee und Wirklichkeit einer freien Hochschule
2. Auflage, ca. 35 S., kt., ISBN 3-85704-221-4, Bd. 2
Der anthroposophische Hochschulimpuls als Erneuerungskonzept des Bildungswesens.

Weitere Werke
Die Tugenden
2. Auflage, 62 S., kt., ISBN 3-85704-150-1
Meditatives Geleit durch das Jahr aufgrund der Hinweise Rudolf Steiners zu den moralischen Monatsstimmungen (›Monatstugenden‹)

Die Philosophie der Freiheit als Grundlage künstlerischen Schaffens
194 S., Leinen, ISBN 3-85704-152-8
Ein Schulungsbuch im eigentlichen Sinne des Wortes, ein Weg zu neuer künstlerischer Ursprünglichkeit.

Vererbung und Wiederverkörperung des Geistes
2. Auflage, 147 S., Leinen, ISBN 3-85704-153-6
Der wissenschaftliche Nachweis der Reinkarnationsidee Rudolf Steiners. Neuartige Beobachtungsresultate der auf das seelische Erleben angewandten naturwissenschaftlichen Methode.

GIDEON SPICKER VERLAG

Otto Heinrich Jägers Freiheitslehre
124 S., kt., ISBN 3-85704-166-8
Vertiefende Hinweise auf die Lebens- und Erneuerungskräfte des mitteleuropäischen Kulturraums. Mit einem Faksimile-Auszug aus der ›Freiheitslehre‹.

Reihe Forschungsberichte
Die Entwickelung der Imagination
2. stark erweiterte Auflage, ca. 60 S., kt., ISBN 3-85704-193-5, Bd. 1
Im Gedenken der hundertsten Wiederkehr des Geburtstags Albert Steffens. Ein geist-biographisches Bild des Dichters sowie vier Werkbetrachtungen.

Ein Dreigestirn am Horizont unserer Epoche
Descartes – Spinoza – Leibniz
2. unveränderte Auflage, ca. 40 S., kt., ISBN 3-85704-194-3, Bd. 2
Drei Wesensbilder als Beispiele kulturwissenschaftlicher Anwendung der Methode der seelischen Beobachtung.

Vom vierfachen Quell lebendigen Rechts
3. erweiterte Auflage, ca. 45 S., kt., ISBN 3-85704-195-1, Bd. 3
Grundzüge des sozialorganischen Rechtsbegriffs Rudolf Steiners als Grundlage menschlicher Selbstverwirklichung.

Toleranz und Vertrauen
Neuerscheinung, ca. 40 S., kt., ISBN 3-85704-196-X, Bd. 4
Erkenntnisbedingungen zeitgerechter Gemeinschaftsbildung.

Über die Erkenntnisgrundlagen der biologisch-dynamischen Wirtschaftsweise
2. unveränderte Auflage, ca. 28 S., kt., ISBN 3-85704-191-9, Bd. 5
Die wissenschaftliche Begründung einer die Umweltkatastrophe verhütenden Methode.

Die ›Philosophie der Freiheit‹ Rudolf Steiners als Grundlage sozialästhetischer Gestaltung
1. Auflage, 38 S., kt., ISBN 3-85704-189-7, Bd. 6
Vom Autor überarbeitete Nachschrift einer Seminarwoche über die ›Philosophie der Freiheit‹.

Im Verlag Freies Geistesleben, Stuttgart
Intuition und Beobachtung, Bd. 1
190 S., kt., ISBN 3-7725-0675-5
Erkenntnis- und kulturwissenschaftliche Essays und Studien 1948–78

Intuition und Beobachtung, Bd. 2
284 S., kt., ISBN 3-7725-0689-5
Erkenntnis- und kulturwissenschaftliche Essays und Studien 1948–78

Beppe Assenza – Eine Werkmonographie
160 S., Pappband (Großformat), ISBN 3-7725-0676-3
83 S. Text und 38 vierfarbige Reproduktionen mit Aphorismen Herbert Witzenmanns. Der einleitende Essay vom gleichen Autor (›Stoff und Form‹) ist der Entwurf einer neuen Ästhetik.

GIDEON SPICKER VERLAG